비로자나불의 화엄세계

비로자나불의 화엄세계

◉ 종일 저 · 무비 감수

운주사

머리말

부처님은 이렇게 깨달으셨다.

'이 세상은 세상이 아니라 모두가 부처다. 세상에 널려 있는 사물과 사람들도 모두가 부처다. 선도 악도 그늘도 빛도 모두가 부처다. 행복도 불행도 극락도 지옥도 모두가 부처뿐이다. 끝없는 공간도 무한한 시간도 역시 모두가 부처다. 그 시공 속에서 일어나고 있는 모든 일들, 봄이 가고 여름이 오고, 꽃이 피고 새가 울고, 시장에서 물건을 사고팔고, 공장에서, 논밭에서…… 일체의 모든 일, 모든 것이 모두가 오직 부처뿐이다.'

그런데 꼭 부처라고만 부르지 않고, 혹은 마음이라 하고, 혹은 진리라 하고, 혹은 법法이라 하고, 혹은 해탈解脫이라 하고, 혹은 열반涅槃이라 하고, 혹은 화엄華嚴이라고도 했다.

부처님의 깨달음을 이렇게 여러 가지로 부르는 것은 그 내용을 한마디로 쉽게 표현할 수 없기 때문이다. 그러나 그중에서도 화엄華嚴이라는 말을 깨달음의 세계에 제일 가깝게 접근한 가장 적절한 표현이라 하여 예로부터 높이 숭상해 불렀다. 그리고 그 깨달음의 세계와 내용을 잘 정리한 대표적인 경전을 우리는 『화엄경華嚴經』이라 부른다.

나는 1967년 12월 15일(음) 창녕 영축산 청련사에 입산하여 법성法性 덕오당에 인도引導, 비로자나 부처님께 귀의하여 6년 동안 나무를 하고 농사를 지으며 채전에서 밭작물을 가꾸어 자급자족하며 수행하였다.

이후 오로지 청정법신 비로자나부처님의 "천지우주 삼라만상 진대지가 나의 전신체全身體라"는 말씀과, 덕오당께서 항상 저에게 내려주신 "우리가 행동하는 것은 모두 사진으로 찍히며, 말하는 것은 녹음이 되고, 마음먹은 것은 문서(업장)가 된다"라는 말씀을 몸과 마음에 새기고 살아왔다.

이제 부처님께 받은 평생의 가피를 이 한 권에 담아 펴내니, 평생 받은 은혜에 조금이라도 보답하고자 함이다.

종일 씀

머리말 5

_____

화장장엄세계 / 9

1. 이구염장 향수해 ················ 11

2. 무진광명륜 향수해 ············· 13

3. 금강염광명 향수해 ············· 15

4. 화장세계의 총결 ················ 17

5. 게송으로 거듭 밝힘 ············· 17

화엄경 제6 비로자나품 / 41

1. 과거의 본사인연을 밝히다 ··· 44

2. 제1 부처님의 출현 ············· 53

3. 제2 부처님의 출현 ············· 90

4. 제3 부처님의 출현 ············· 103

5. 제4 부처님의 출현 ············· 113

_____

맺는말 · 117

화장장엄세계

화엄세계華嚴世界란 우리가 살고 있는 우리 주변의 천지 만물과 산천초목, 이 모든 것이다. 작게는 눈에 보이지도 않는 세포 하나하나에서부터 크게는 수백 억 광년 저 멀리에 있는 무수한 별들에 이르기까지 모두가 화장장엄세계이다. 우리는 이들 모든 화장장엄세계에 무거운 은혜를 입고 살아간다.

그럼 이와 같은 화엄세계를 이해하기 위하여 먼저 『화엄경』 제5 「화장세계품華藏世界品」을 살펴보기로 하자.

1. 이구염장 향수해

그때에 보현보살이 다시 대중들에게 말하였습니다.
"모든 불자들이여, 저 이구염장 향수해 동쪽에 다음 또 향수해가 있으니 이름이 변화미묘신이요, 바다 가운데 있으니 이름이 선포차별방이니라."

20층의 세계를 받치고 있는 모든 세계종世界種은 또 각각 향수해 위에 있다. 그리고 모든 향수해마다 이름이 있다. 그 낱낱 향수해와 세계종을 설명하고 있다.

"이와 같이 말할 수 없는 불찰 미진수 향수해가 있는데, 윤위산에 가장 가까운 향수해는 이름이 파려지玻瓈地이요, 세계종의 이름은 상방광명이니라. 세계 바다의 청정한 겁의 음성으로 체성을 삼았느니라. 하나의 화장세계는 맨 밑에 풍륜이 있고, 그 위에 향수해가 있고, 그 위에 큰 연꽃이 있다. 이 연꽃은 무어라고 말할 수 없으리만치 크고 또 크다. 그 안에 대윤위산이 돌아가면서 있고, 대윤위산 안에는 다시 또 무수한 향수해가 있다. 그 대윤위산의 가장자리에 있는 향수해의 이름이 파려지이다."

화장세계는 언제나 가장 중앙에 있는 '보조시방치연보광명普照十方熾然寶光明'이라는 세계종을 중심으로 설명하고 있다. 그 세계종 제13층에 우리가 사는 사바세계가 있다고 하였다. 그 13층과 같은 높이에 있는 세계와 부처님의 이름을 밝혔다.

2. 무진광명륜 향수해

"모든 불자들이여, 저 무진광명륜 향수해 밖에 다음
향수해가 있으니 이름은 구족묘광이고, 세계종의 이
름은 변무구이니라."

역시 가장 중앙에 있는 보조시방치연보광명이라는 세
계종 13층에 사바세계가 있다. 그 세계와 같은 층이라는
뜻이다. 요즘의 건물들이라 하더라도 대단히 크고 아주
복잡한 곳에 들어가면 출구를 찾지 못해서 헤매는 경우
가 많다. 화장세계도 지금 돌아보고 있는 곳이 어디쯤인
가를 알기 위해서 가장 중앙의 20층을 중심으로 설명하
고 있다.

3. 금강염광명 향수해

"여러 불자들이여, 저 금강염광명 향수해 밖에 다음 향수해가 있으니 이름은 일체장엄구영식당이요, 세계종의 이름은 청정행장엄이니라."

화장세계의 규모를 설명하는 데에는 원칙이 있다. 향수해를 설명할 때는 언제나 가장 중앙에 있는 무변묘화광 향수해를 중심으로 열 개의 방향이 있고, 그 열 개의 방향 중에 하나인 향수해를 들어 그 향수에서 가장자리 쪽, 즉 대윤위산 쪽을 향해 가면서 열거하고 있다.

이후로 4) 제청보장엄 향수해 등 천성보첩天城寶堞 향수해가 있는데, "이 위로 열 불찰 미진수 세계를 지나서 사바세계娑婆世界와 가지런한 세계가 있으니 이름은 보련화사자좌이고, 열세 불찰 미진수 세계가 둘러쌌는데, 부처님 명호는 최청정불공문最淸淨不空聞이시니라."라고 설명하고 있다.

화엄세계의 규모를 밝히는 것은 이와 같이 간략히 마쳤다.

만약 우리가 이와 같은 화장세계를 보려면 지름이 1백 미터가 넘는 천체망원경을 만들어서 수천억 광년 그 저쪽까지 보아야 하리라.

예컨대 우리들의 몸을 중심으로 하여 작은 쪽으로 살펴보면 60조兆의 세포가 있다. 그 하나하나의 세포에 다시 60조의 또 다른 세포가 있고, 그 세포에도 역시 또 더 작은 세포들이 있어서 본체의 세포를 구성하리라.

눈을 돌려 우리 몸을 중심으로 해서 큰 것을 살펴보면 내가 사는 사찰이 있고, 지역 마을이 있고, 경기도가 있고, 우리나라가 있고, 세계가 있듯이, 또 지구와 70억 인구와 수백억조의 생명체가 있고, 이 지구와 수많은 별들이 있어서 우리의 태양계를 이루고 있다. 이러한 태양계가 헤아릴 수 없이 많이 모여 하나의 은하계를 이룬다. 또 무수한 은하계가 모여 하나의 은하군을 이루며, 무수한 은하군이 다시 또 다른 그 어떤 종種과 군群을 이루고 있을 것이다. 이와 같이 세계는 미세한 쪽으로도 그 끝이 없고, 광대한 쪽으로도 그 끝이 없다.

이것이 화장장엄세계다.

4. 화장세계의 총결

"모든 불자들이여, 이러한 열 불가설 불찰 미진수의
향수해 가운데 열 불가설 불찰 미진수 세계종이 있으
니 모두 온갖 보살 형상을 나타내는 마니왕 깃대장엄
연꽃을 의지하여 머물며, 각각 장엄한 변재의 사이가
끊어지지 않았느니라."

5. 게송으로 거듭 밝힘

1. 화엄세계 바다는 법계와 같아서
   차별이 없고 장엄은 지극히 청정하여
   허공에 안주하였네.

화엄세계의 자체

화장세계 바다가 법계와 평등하여 차별이 없다고 하였

다. 법계에는 아무리 작은 세포 속의 세포, 다시 또 그 세포 속의 세포라 하더라도 다 포함된다. 큰 쪽으로는 이 지구에서 수억 조 광년 끝에 있는 멀고 먼 곳까지도 다 포함된다. 그래서 법계와 같다고 하였다.

2. 모든 부처님의 변화한 음성으로
   갖가지 그 체성이 되었는데
   그 업력을 따라서 보니
   세계종이 미묘하게 되었네.

3. 수미산성의 그물과
   물이 소용돌이치는 둥근 모양과
   넓고 큰 연꽃이 피어
   서로서로 둘러쌌네.

4. 큰 바다와 진주불꽃이여
   광명그물 부사의하네
   이러한 모든 세계종이
   모든 연꽃 위에 안주하도다.

5. 낱낱 모든 세계종에

　　광명그물 말할 수 없으니

　　광명 속에서 온갖 세계 나타내어

　　온 시방에 두루하도다.

　향수해가 넘실대고 그 향수해에 세계종이 불가사의한데, 낱낱 세계종마다 세계가 또한 불가사의하다. 가지가지 장엄도 아름답기 그지없다. 화엄세계 바다가 어찌하여 이처럼 아름답고 불가사의한가. 화엄세계 바다는 모두가 청정법신 비로자나부처님(淸淨法身 毘盧遮那)의 수행 공덕의 결과이다. 그와 같이 우리들이 사는 환경은 모두가 사람 사람들의 공덕과 수행의 결과이다.

6. 마치 수림을 의지해서

　　가지가지 열매가 차별하듯이

　　이와 같이 세계종을 의지해서

　　가지가지 중생들이 머물도다.

7. 마치 종자가 다르므로

열리는 열매도 각각 다르듯이
업력業力이 차별한 까닭에
중생들의 세계도 같지 않네.

　나무도 종류마다 그 열매가 차별되듯이 세계종과 세계가 모두 차별이 있다. 그 속에 사는 중생들 또한 가지가지가 차별이 있다. 중생들 업력이 차별이 있는 까닭에 중생들의 세계 또한 같지 않고 차별이 있다. 사람들의 능력과 성품을 따라서 그 집안의 분위기나 살아가는 모습이 각각 다른 것이다. 일체가 다 심왕心王이 들어서 조작하고 펼쳐내는 바이다.

8. 마치 큰 용왕이
　구름을 일으켜 허공에 두루하듯
　이러한 부처님의 원력으로
　모든 국토를 출생하도다.

9. 마치 여러 가지 그림을
　화가가 그려내듯이

이와 같이 온갖 세계를
마음의 화가가 그려내도다.

10. 중생들의 몸이 각각 다른 것은
마음의 분별을 따라서 일어난 것
이처럼 세계가 갖가지인 것도
모두 다 업력 때문일세.

이 세상에는 식물도 헤아릴 수 없이 많으며 동물도 또
한 여러 가지다. 사람만 하더라도 그 얼굴과 그 모습과
그 생김새와 그 색깔이 얼마나 다양한가. 이 모든 것이
차별되는 것은 일체가 각자의 업력으로 말미암은 것이
다. 옷을 달리 입고 화장을 달리하는 것도 모두 그 사람
마음의 안목과 느낌의 한계 때문이다.

화엄세계는 맨 밑에 풍륜이 있고, 풍륜 위에 향수해가
있고, 향수해에 무수한 연꽃이 있다. 마치 그물이 펼쳐진
듯하다. 그 연꽃들 위에 대위산이 있고, 그 산 안에는 또
다시 향수해가 있고, 그 향수해에는 다시 또 무수한 연꽃
이 피어 있는데 그 연꽃들 위에 세계종과 세계가 안주한

다. 그 세계에 중생들이 살고 있다. 세계와 중생들은 업력을 따라 온갖 염오된 곳과 청정한 곳이 차별된다.

11. 낱낱 생각 속에서
    한량없는 세계를 출생하되
    부처님의 위신력으로
    청정하여 때 없음을 다 보도다.

부처님의 위신력으로 세계가 청정무구함을 본다는 것은, 부처님과 같은 깨달음의 안목이나 지혜의 안목이 있으면 어떤 세계도 추하거나 험악하지 않고 모두가 청정하다는 것이다.

고락苦樂의 차별

12. 어떤 세계는 진흙으로 이루어져
    그 체성이 매우 굳으며
    캄캄하여 빛이 없으니
    악한 업이 있는 이가 사는 곳일세.

13. 어떤 세계는 금강으로 이루어져
   뒤섞이고 물들어 크게 두려워 우며
   고통은 많고 즐거움은 적으니
   박복한 이가 사는 곳일세.

14. 혹 다시 축생이 있으니
   갖가지 누추한 형상이라
   그 스스로의 악한 업 때문에
   항상 모든 고뇌를 받도다.

15. 혹은 염라閻羅세계를 보니
   기갈에 핍박이 되며
   큰불이 타는 산에 올라가서
   여러 가지 무거운 고통을 받네.

16. 혹 어떤 여러 세계는
   칠보로 이루어졌는데
   갖가지 모든 궁전들이
   청정한 업으로 된 것일세.

17. 너희는 응당 세간을 보라
    그 가운데 사람과 하늘이
    청정한 업의 결과를 성취하여
    때를 따라 쾌락을 받도다.

  보통 사람들의 삶과 천신처럼 사는 사람들의 업과가 다름을 밝혔다. 칠보로 이루어진 궁전에 사는 사람은 청정한 업의 결과이다. 이와 같이 오염된 업과 청정한 업은 각양각색이며 사는 모습 또한 각양각색이다.

세계의 미세微細

18. 낱낱 모공毛孔 속에
    억만 세계가 부사의하며
    갖가지 형상으로 장엄하되
    비좁거나 궁색한 적이 일찍이 없네.

  『화엄경』의 종지宗旨 중 중요한 하나는 하나의 작은 먼지 속에 시방세계를 함유하고 있다는 이치(一微塵中 含十

方)이다. 1백 평 방안에 등불 하나를 밝혀도 그 빛은 방안에 가득차고, 등불 열 개를 밝혀도 역시 그 빛은 방안에 가득차면서 결코 서로의 빛이 비좁다고 다투지 않는다. 열 개든 백 개든 서로서로 섭입攝入하여 상즉상입相卽相入하면서 호상 융합하여 조화를 이루기 때문이다.

세상의 일체 존재는 모두 그와 같이 공존하고 있는 것이다.

세계의 체성體性

19. 어떤 세계는 온갖 보석으로 이루어져
  항상 그지없는 광명을 놓고
  금강의 아름다운 연꽃으로
  깨끗이 장엄하여 때가 없도다.

화엄세계를 이루고 있는 체성을 밝힌 내용이다. 어떤 세계는 보석으로 이루어졌고, 어떤 세계는 광명으로 이루어졌고, 또 어떤 세계는 달로 이루어졌고, 향기로, 꽃 둘레로, 꽃과 나무로, 부처님의 음성 등으로 이루어졌음

을 골고루 밝혔다. 이 모두가 한 사람 한 사람의 성향과
복덕과 지혜와 업력과 공덕으로 차별된 것이다.

20. 혹 어떤 생각하기 어려운 세계는
    꽃 둘레로 이루어졌으며
    화신 부처님이 모두 충만하고
    보살들이 널리 광명을 놓도다.

21. 어떤 세계는 청정한 광명이 비치어
    금강꽃으로 이루어졌으며
    어떤 곳은 부처님의 변화한 음성으로
    그지없이 펼쳐져 그물이 되었도다.

22. 혹 어떤 세계는 보살의
    마니의 묘한 보배 관과 같으며
    혹 어떤 곳은 좌대의 형상 같으니
    모두가 변화한 광명에서 나왔도다.

    화엄세계는 구체적으로 표현하면 화장장엄세계다. 즉

장엄이 다른 세계와는 특별하게 다르기 때문에 장엄을 중심으로 이름 지어졌다. 경문을 깊이 생각하면서 읽고 또 읽으면서 잘 음미할 일이다. 화엄세계의 장엄을 보고 이해하는 열쇠는 "미래의 모든 국토를 꿈과 같이 다 보게 하네."라는 것이다. 『화엄경』의 일체장엄은 꿈과 같다. 우리가 실재라고 하는 모든 현실도 그 역시 꿈속의 일이다. 즉 일체가 둘이 아닌 본질에서 보면 일체의 현상은 천만 가지로 차별되더라도 모두가 환영幻影이고 화현化現이다.

23. 일체 부처님의 위신력으로
    티끌 속에서 중생들을 나타내되
    가지가지를 다 밝게 보게 하니
    그림자 같아서 진실함이 없도다.

심지어 과거, 현재, 미래의 모든 부처님과 그 모든 국토들까지 하나의 세계종뿐만 아니라 작은 하나의 먼지 속에서도 보게 된다.

세계의 형상

세계의 갖가지 형상을 게송으로 다시 밝혔다. 사람들이 얼굴과 체형이 다르고 성품이 다르고 생각이 다르듯이 세계도 각각 다르다.

산에 있는 헤아릴 수 없이 많은 나무들도 같은 것은 하나도 없다. 이 세상에 같은 것이 무엇이 있겠는가. 모두가 다를 뿐이다. 다르다고 틀린 것은 아니다. 하나의 세계와 하나의 환경에서 살아도 사람마다 각각 다르게 느끼고 다르게 본다.

24. 혹은 부처님 손과도 같고
    혹은 금강저金剛杵와도 같으며
    혹은 불꽃 산의 형상과 같으니
    보살들이 다 두루하였네.

세계가 머무는 겁

25. 어떤 세계는 일 겁 동안 머물고
    혹은 십 겁 동안 머물며
    내지 백천 겁과
    국토의 미진수 겁을 머물도다.

　모든 존재의 본질은 어느 것이나 평등하게 영원하지만 밖으로 나타난 현상들은 낱낱이 그 머무는 시간과 겁이 다르다. 사람도 사람마다 세상에 사는 시간이 다르고 다른 생명체도 수명이 다 다르다. 나무 한 그루, 풀 한 포기도 그 수명이 다 다르다. 세계와 위성들, 저 하늘에 무수한 별들도 그 머무는 세월이 다 다르다. 세계가 머무는 겁이란 이것을 밝히는 내용이다.

부처님의 출현

26. 혹 어떤 세계는 부처님이 있고
    혹 어떤 세계는 부처님이 없고

혹은 한 부처님만 있고

혹은 한량없는 부처님이 있도다.

27. 중생이 법의 그릇이 아니면

능히 모든 부처님을 보지 못하지만

만약 마음에 즐겨함이 있는 이는

일체 처소에서 다 보리라.

광명의 유무

28. 어떤 세계는 광명이 없어서

어둡고 캄캄하여 매우 두려우며

고통이 칼로 베는 듯하여

보는 이는 저절로 괴로워하네.

광명이란 삶의 지혜다. 인간의 본질과 현상의 관계에
대해서 밝게 알면 그것을 지혜의 광명이라 한다. 그와 같
은 지혜의 광명이 없으면 인생의 길이 어둡고 캄캄하여
두렵기 그지없다. 매일 매일의 삶과 하는 일마다 장애가

생겨서 온갖 고통으로 그 아픔이 한량이 없다.

　앞의 게송은 광명이 없음에 대하여 밝혔고, 이 게송부터는 광명이 여러 가지인 것을 밝히고 있다. 하늘의 광명, 해와 달의 광명, 궁전의 광명, 산의 광명, 등불의 광명, 세계의 그물처럼 많고 많은 그 광명을 다 헤아리기 어렵다.

29. 어떤 세계는 스스로 광명이 있고
　　혹은 나무가 깨끗한 광명을 놓아서
　　일찍이 고뇌가 있지 않으니
　　중생들의 복력 때문이로다.

30. 혹은 부처님이 광명이 있어서
　　보살들이 그 가운데 가득하며
　　어떤 때는 연꽃 광명이 있어
　　불꽃 빛이 매우 아름답도다.

31. 혹은 보배 광명이 비치고
　　혹은 금강 불꽃이 비쳐서
　　깨끗한 음성이 능히 멀리 진동하니

이르는 곳마다 많은 고통 없애도다.

32. 부처님의 큰 광명을 놓으시니
　　화신 부처님이 그 가운데 가득하며
　　그 광명이 널리 비쳐
　　법계에 널리 두루하였도다.

　이 모든 광명들은 부처님이며, 부처님의 깨달음이며, 깨달음에 의한 진리의 가르침이다. 그리고 그 진리의 가르침에 의하여 터득한 지혜의 삶이다. 즉 존재의 본질과 현상에 대한 명확한 이해로서 사람이 곧 부처님이라는 깨달음과 그 실천이다.

　하늘에는 하늘의 소리가 나고 있음을 밝혔다. 청정한 업이 있는 천신들에게는 그 업을 따라 항상 즐거운 소리와 기쁜 마음으로 가르침을 따르는 소리가 들린다. 제석천에는 제석천의 소리, 범천에는 범천의 소리 등 아름답고 미묘한 마니 보석나무 소리까지 들린다. 불보살佛菩薩의 아름다운 소리가.

33. 모든 부처님의 둥근 광명 속에는

　　교화하는 소리 다함이 없으며

　　보살의 미묘한 음성이

　　음악소리가 가득하도다.

　부처님이나 보살들의 광명이란 무엇인가? 덕화이며 법력이며 지혜의 가르침이다. 그것을 상징적으로 광명이라 한다. 그 광명에서 사람들을 교화하는 소리가 들린다고 하였다. 무었을 어떻게 표현하든 일체가 불법의 영향력이며, 불법의 덕화이며, 인간 세상에 끼치는 큰 법의 은혜다.

　그러므로 모든 불자들은 진리의 가르침으로 세상의 등불이 되고 큰 빛이 되도록 그 역할을 다하여야 한다. 그 일은 구체적으로 법륜을 굴리는 일이며, 법공양을 널리 펴는 일이며, 설법으로 많은 사람들을 교화하는 일이다.

보현보살普賢菩薩 원력

보현보살의 서원의 힘으로
억만 세계에서 아름다운 소리를 내니
그 소리 우레와 같아서
머무는 겁이 또한 다함이 없도다.

부처님이 청정한 국토에서

"비로자나부처님이 청정한 화엄세계에서 해인삼매에 들어 계시고, 보현보살님이 십대원을 세워 억만 세계에서 아름다운 소리를 내니 그 소리 우레와 같아서 머무는 겁이 또한 다함이 없도다."라고 한 진리의 가르침을 온 우주법계에 널리, 그리고 오랫동안 교화하는 일이 불자의 할일이다.

비로자나불의 화엄세계는 사바세계 오탁악세에서 헤매는 중생들을 화장장엄세계(佛國淨土)로, 가장 먼저 자기 자신에게 법法공양을 올리는 일이며, 가장 먼저 자기 자신에게 화엄세계를 펼쳐 보이는 일이다. 나아가서 인

생일대 최고의 화장장엄세계에 계신 비로자나부처님을 공부를 가족과 함께하고, 도반과 함께하고, 이웃과 함께하고, 인연 있는 모든 사람과 함께한다.

부처님이 청정한 국토에서
자재한 음성을 나타내 보이시니
시방법계 가운데서
일체 대중들이 다 듣도다.

허공이 대각大覺 가운데서 생기게 된 것이
마치 바다에서 물거품이 하나 일어난 듯하고
작은 먼지같이 무수한 유루有漏 국토들이
모두 허공을 의지하여 생겼도다.

이렇게 『화엄경』 80권 가운데 「화장세계품」을 배치함으로써 다음 「비로자나품」을 위하여 화엄세계를 장엄한 것이다.

화엄경 제6 비로자나품

불교에서는 수많은 부처님을 이야기한다.

역사상에 등장하였던 세존으로부터 법신불法身佛, 보신불報身佛, 화신불化身佛, 지혜신智慧身, 복덕신福德身, 업보신業報身, 아미타불阿彌陀佛, 약사여래불藥師如來佛, 미륵불彌勒佛 등이 그것이다.

그 모든 부처님을 아우르며, 그 모든 부처님의 근본이 되는 부처님이 곧 청정법신淸淨法身 비로자나불이다. 이처럼 많은 의미를 함유하고 있는 부처님이므로 그를 인격화하고 불격화佛格化하여 설명하려면 구원겁 이전의 이야기부터 시작해야 한다.

지나간 세상, 말로는 이루 다 설명할 수 없는 오랜 겁 전에 승음勝音 세계가 있었다. 그 세계에는 일체공덕산수미승운一切功德山須彌勝雲이라는 부처님이 계셨는데, 그 나라에 대위광태자大威光太子가 있어서 부처님을 섬기면서 온갖 불법을 닦아 익혔다.

태자는 여러 생을 거듭하면서 여러 부처를 섬기며 수행, 고행, 공양, 찬탄한 뒤 결국 성불成佛하게 되니 그가 곧 비로자나 부처님이라는 이야기다.

1. 과거의 본사인연을 밝히다

1) 본사인연의 겁劫과 세계해

그때 보현보살普賢菩薩이 다시 대중들에게 말하였습니다. "모든 불자들이여, 지나간 옛적에 세계 미진수 겁을 지나고 다시 그 갑절을 지나서 세계해世界海가 있었으니, 그 이름이 보문정광명普門淨光明이니라."

앞에서 화엄세계를 장황하게 설명하였다. 그와 같은 세계를 통틀어 확실한 주인으로서의 부처님을 등장시키려고 한다. 무수한 의미의 부처님과 무수한 역할을 하는 부처님을 한 분의 부처님에게 집약시켜서 표현하려 한다. 그러므로 그 부처님에 대해서는 참으로 오래고도 오랜 세월 이전으로 거슬러 올라가서 이야기를 시작해야 한다. 그것을 비로자나부처님 과거의 본사인연本事因緣

이라 한다.

아주 오랜 세월 이전, 이 세계를 작은 먼지로 만들었을 때 그 먼지 수효처럼 많고 많은 겁과 또 그 겁보다 갑절이나 많은 겁 이전에 세계해가 있었다. 그 세계해의 이름이 보문정광명이었다.

2) 본사인연의 처소

"이 세계해 가운데 세계가 있었으니 이름은 승음勝音이니라. 마니 보석꽃 그물바다를 의지하여 머물며 수미산須彌山 미진수 세계로 권속眷屬을 삼았느니라. 그형상은 방정方正하게 둥글고 그 땅에는 한량없는 장엄이 갖추어져 있었느니라. 삼백 겁으로 온갖 보배 나무 윤위산輪圍山이 둘러쌌으며, 온갖 보배 구름이 그 위에 덮이었고, 청정하여 때가 없는 광명이 비치었으며, 성읍城邑과 궁전이 마치 수미산 같고, 의복과 음식이 생각하는 대로 이르러오니, 그 겁劫의 이름은 종종장엄種種莊嚴이니라."

세계해란 무수한 세계를 함유하고 있는 세계 바다. 그 세계 바다 가운데 하나의 세계가 있는데 그 세계가 승음이다. 역시 화장장엄세계인지라 마니 보석꽃 그물바다를 의지하여 머물며, 수미산 미진수와 같은 세계들로 권속을 삼았다. 수미산을 작은 먼지로 만들었을 때 그 숫자와 같이 많은 세계를 권속으로 삼았다고 하였으니 얼마나 많은가. 그리고 온갖 장엄이 아름답게 펼쳐져 있다. 비로자나부처님의 고향, 즉 천백억 생명의 근원인 법신부처님의 고향을 설명하고 있다.

3) 향수해를 말하다

"모든 불자들이여, 저 승음세계勝音世界 가운데 향수해香水海가 있으니 이름이 청정광명淸淨光明이고, 그 바다 가운데 큰 연꽃 수미산이 우뚝 솟았으니 이름은 화염보장엄당火焰寶藏嚴幢이고 열 가지 보배 난간이 두루 둘러쌌느니라."

화장세계에는 향수해가 겹겹이다. 그 이름이 청정광명

46

이다. 그 향수해란 바다에 큰 연꽃이 만발한 가운데 수미산이 우뚝 솟아 있다, 또 수미산을 돌아가면서 열 가지 보배 난간이 두루 둘러싸고 있다.

4) 대림大林의 장엄

"다시 그 산 위에 큰 숲이 있는데 이름은 마니화지륜摩尼華枝輪이며, 한량없는 화려한 누각과 한량없는 보배 누각이 주위에 펼쳐져 있고, 한량없는 묘한 향 깃대와 한량없는 보배 산 깃대가 훤칠하게 장엄하였느니라.

한량없는 보석의 흰 연꽃이 곳곳에 피었고, 한량없는 향 마니 연꽃그물이 두루 드리워졌으며, 풍악소리가 화창하고, 향기구름이 비친 것이 각기 한량없어 끝까지 기록할 수도 없으며, 백만 나유타 성城들이 두루 둘러쌌고, 가지가지 중생들이 그 안에 살고 있었느니라. 여러 불자들이여, 이 숲 동쪽에 큰 도성이 있으니 이름이 염광명焰光明이니라. 인간의 왕이 도읍으로 하였고, 백만억 나유타 성城이 두루 둘러쌌으며, 깨끗하

고 묘한 보배로 이루어졌고, 길이와 넓이가 각각 칠천
유순由旬이며, 칠보로 성곽이 되고 망대가 서로 마주
하고 있어서 모두 높고 아름다웠으며, 일곱 겹으로 된
보배 구덩이에 향수가 가득 하였으며, 우발라꽃과 파
두마꽃과 구물두꽃과 분타리꽃들이 모두 온갖 보배
로 되어 곳곳에 널려서 장엄하였느니라."

또 큰 숲 안에는 큰 도성이 있고 다시 무수한 성들이 둘
러싸고 있다. 그 성들의 장엄 또한 이루 다 표현할 길이
없다. 꽃이란 꽃은 다 피었고, 그 꽃들은 온갖 보배로 되
어 곳곳에 널려 있다.

"또 보배로 된 다라多羅나무가 일곱 겹으로 들러쌌으
며, 궁전과 누각이 모두 보석으로 장엄되어 가지가지
묘한 그물이 그 위에 펼쳐졌고, 향을 뿌리고 꽃을 흘
어 향기롭고 빛났으며, 낱낱의 문 앞에는 각각 마흔
아홉 개의 보배 시라尸羅 깃대가 차례로 줄을 지었느
니라.
다시 백만억 숲 동산이 두루 들러쌌는데 그 가운데는

가지각색의 향과 마니 수향이

두루 퍼져 널리 풍기며, 온갖 새들이 평화롭게 노래하

여 듣는 이를 즐겁게 하였느니라.

이 도성 안에 살고 있는 사람들은 이미 쌓은 선업善業

으로 신족통神足通을 다 얻어서

허공에 올라 왕래하기를 천신들과 같이 하였으며, 마

음으로 하고자 하는 것은 생각대로 이루었느니라."

5) 백만억의 성

"그 도성의 다음 남쪽에 하늘의 성城이 있으니 이름이

수화장엄樹華莊嚴이며, 그다음 오른쪽으로 돌아서 큰

용의 성이 있으니 이름이 구경究竟이니라. 다음에 야

차의 성이 있으니 이름이 금강승묘당金剛勝妙幢이며,

다음에 건달바의 성이 있으니 이름이 묘궁 妙宮이니

라. 다음에 아수라의 성이 있으니 이름이 보륜寶輪이

며, 다음에 가루라의 성이 있으니 이름이 묘보장엄妙

寶莊嚴이니라.

또한 다음에 긴나라 성이 있으니 이름이 유희쾌락遊

戲快樂이요, 다음에 마후라가 성이 있으니 이름이 금 강당金剛幢이며, 다음에 범천왕의 성이 있으니 이름이 종종묘장엄種種妙莊嚴이니라. 이와 같은 것이 백만억 나유타 수가 있고 그 낱낱의 성에 각각 나유타 누각이 함께 둘러쌌으니 낱낱이 모두 한량없는 장엄이 있었 느니라."

6) 도량의 장엄

"모든 불자들이여, 이 보화지륜寶華枝輪 큰 숲 가운데 도량이 있으니 이름이 보화변조 寶華徧照니라. 온갖 큰 보배가 널리 퍼져 장엄되어 있고, 마니 보석꽃 바퀴가 가득히
만발하였으며, 향의 등을 켜서 온갖 보석 빛을 갖추었 고, 불꽃구름이 가득히 덮이고, 광명그물이 널리 비치 며, 모든 장엄 거리에서는 항상 청아한 소리를 연주하 며, 마니 보석 왕이 보살의 몸을 나타내고, 가지가지 아름다운 꽃이 시방에 두루하였느니라."

7) 큰 연꽃

"그 도량 앞에 큰 바다가 있으니 이름이 향마니금강香
摩尼金剛이고, 큰 연꽃이 났으니 이름이 화예염륜華藥
焰輪이니라. 그 연꽃의 넓고 크기가 백억 유순이요, 줄
기와 잎과 꽃술과 꽃받침이 모두 아름다운 보석으로
되었는데, 열 불가설 백천억 나유타 연꽃들이 함께 둘
러쌌으며, 항상 광명을 놓고 또 항상 아름다운 소리를
내어 시방에 두루하였느니라."

2. 제1 부처님의 출현

1) 부처님 명호

"모든 불자들이여, 저 승음勝音세계의 최초 겁 동안에
열 수미산 미진수 여래가 세상에 출현하셨는데, 그 최
초의 부처님은 명호가 일체공덕산수미승운一切功德山
須彌勝雲이니라."

드디어 제1 부처님의 출현을 밝혔다. 부처님의 고향 승음勝音세계란 무엇인가. 수승한 소리의 세계다. 무엇이 수승한 소리인가. 부처님이 설하시는, 존재의 실상을 설파하시는 진리의 가르침이다. 사람 사람들에게 이미 존재하는 생명의 법을 가르치는 소리다. 그러므로 부처님이란 진리의 가르침, 즉 수승한 소리로 표현된다는 뜻이리라.

최초 부처님 이름도 일체공덕산이라 하였다. 그렇다. 부처님은 진리의 가르침으로

세상에 큰 공덕을 베푸는 사람이다. 각자가 가지고 있는 생명 법을 가르쳐서 생명의 원리대로 살게 한다면 그 공덕이 얼마나 크겠는가. 어찌 수미산에 비교하겠는가.

그러나 아직은 비로자나부처님의 스승 되시는 부처님을 이야기하고 있다. 이와 같은 스승 되시는 부처님 열 분을 열거하고, 대위광大威光 태자는 그 부처님을 일일이 스승으로 모시고 수행한 뒤에 비로소 비로자나부처님으로 세상에 출현하는 것으로 되어 있다. 그런데 『화엄경』의 경문이 결손이 있어서 네 분의 부처님만 소개되었다.

2) 상서祥瑞

"모든 불자들이여, 마땅히 알지니라. 저 부처님이 장차 출현하려 했을 때 일백 년 전에 이미 이 마니화지륜摩尼華枝輪이란 큰 숲의 일체 장엄이 두루 청정하였느니라. 이른바 부사의한 보배 꽃구름을 내고, 부처님 공덕을 찬탄하는 소리를 내고, 무수한 부처님 음성을 연설하며, 빛을 내어 그물을 펴서 시방을 덮으며, 궁전과 누각이 서로서로 비추며, 보배 꽃 광명이 공중에 모여 구름을 이루었느니라.

다시 아름다운 음성을 내어 일체 중생들의 전세에 행하던 넓고 큰 선근을 말하고, 삼세의 부처님들의 명호를 말하고, 보살들이 수행하던 서원과 구경究竟에 이르는 도道를 말하고, 모든 여래의 묘한 법의 바퀴를 굴리던 갖가지 말씀을 말하였느니라. 이와 같이 장엄한 모양을 나타내어 여래께서 장차 세상에 출현하실 것을 보였느니라. 그 세계의 모든 왕들이 이러한 상서를 보고는 선근이 성숙하여 부처님을 뵈려고 모두 도량으로 모여 왔느니라."

궁전과 누각에서는 광명을 발하고, 다시 온갖 아름다운 소리를 내어 중생들의 선근과 부처님의 명호와 보살들의 수행하던 서원과 여래의 법륜 등을 말함으로써 비로자나부처님의 출현을 보이고 있으며, 이에 각국의 왕들이 이러한 상서를 보고 부처님의 뵈려고 도량에 모이는 광경을 묘사하고 있다.

3) 연꽃에서 출현하시다

"이때 일체공덕산수미승운 부처님이 그 도량의 큰 연꽃 가운데서 홀연히 출현하시었느니라. 그 몸은 두루하여 진법계眞法界와 같고, 일체 부처님 세계에서 모두 출현하며, 일체 도량에 다 나아감을 보이시니라. 끝없는 아름다운 빛 뺏을 이 없으며, 온갖 보배 형상을 갖추어 낱낱이 분명한데, 일체 궁전에 그 형상을 다 나타내었느니라."

여기서 '부처님이 연꽃에서 출현하셨다.'라고 하였다. 그렇다면 연꽃은 부처님의 어머니다. 그렇다. 처럼상정處

染常淨한 곳에서 부처님은 출현하셨다. 꽃과 씨앗, 즉 중생인 꽃과 씨앗인 부처님이 동시에 구족한 자리에서 부처님이 출현하셨다. 그뿐만 아니라 이제염오離諸染汚, 불여악구不與惡俱, 계향충만戒香充滿, 본체청정本體淸淨, 면상회이面相喜怡, 유연불삽柔軟不澁, 견자재길見者皆吉, 개구부족開敷具足, 성숙청정成熟淸淨, 생이유상生已有想 등 연꽃의 열 가지 의미로부터 출현하셨다.

"일체 중생들이 모두 직접 눈으로 볼 수 있었으며, 끝없는 화신 부처님이 그 몸에서 나오시니 가지가지 빛깔이 법계에 가득하였느니라, 이 청정광명향수해淸淨光明香水海에는 불꽃장엄 깃대에 수미산 꼭대기에의 마니화지룬 큰 숲 가운데에 그 몸을 나타내어 자리에 앉은 것처럼, 그 승음세계에 68억의 수미산 꼭대기가 있으니 그곳에도 또한 다 몸을 나타내어 앉으셨느니라.

4) 광명을 놓으시다

"이때에 저 부처님께서 미간에서 큰 광명을 놓으시니 그 광명의 이름은 발기일체선근음發起一切善根音이었으며, 열 불찰 미진수의 광명으로 권속을 삼아서 온갖 시방 국토에 가득하였다. 만약 어떤 중생을 응당 가히 조복할 게 있으면 그 빛이 비치어 곧 스스로 깨닫게 하며, 모든 번뇌의 열기를 쉬게 하며, 모든 뒤덮인 번뇌의 그물을 찢게 하며, 모든 장애의 산을 부수게 하며, 모든 때와 흐림을 깨끗이 하며, 큰 믿음과 이해를 내게 하며, 수승한 선근善根을 내게 하며, 영원히 일체 모든 어려움과 두려움을 여의게 하며, 일체 몸과 마음의 괴로움을 없애게 하며, 부처님을 뵈려는 마음을 일으켜서 온갖 지혜에 나아가게 하셨느니라."

광명이란 무엇을 뜻하는가? 부처님의 깨달음이며, 깨달음의 가르침이며, 존재의 실상에 대한 바른 설법이며, 사람마다 가진 참 생명의 본질을 일깨워 주는 가르침이다.

이와 같은 광명을 받음으로써 "스스로 깨닫게 하여 모든 번뇌의 열기를 쉬게 하며, 모든 뒤덮인 번뇌의 그물을 찢게 하며, 모든 장애의 산을 부수게 하며, 모든 때와 흐림을 깨끗하며, 큰 믿음과 이해를 내게 하며, 수승한 선근을 내게 하며, 영원히 일체 모든 어려움과 두려움을 여의게 하며, 일체 몸과 마음의 괴로움을 없애게 하며, 부처님을 뵈려는 마음을 일으켜서 일체 지혜에 나아가게 하셨다."라고 하였다. 이는 불법이 해야 할 일이며, 불교가 해야 할 일이며, 불교인이 해야 할 일이다!

5) 대중들의 운집

"이때에 일체 세계의 주인들과 어울려 그 한량없는 백천의 권속들이 부처님의 광명을 입어서 깨닫게 된 까닭으로 모두 부처님이 계신 곳에 나아가 머리와 얼굴로 부처님 발에 예배하였느니라."

6) 대위광 태자

"모든 불자들이여, 저 염광명焰光明 큰 성 가운데 왕이
있으니 이름이 희견선혜喜見善慧니라. 백만억 나유타
성을 통솔하였으며, 부인과 채녀婇女가 3만 7천 명인
데 복길상福吉祥이 으뜸이 되고, 왕자가 5백 명인데 대
위광이 으뜸이 되고, 대위광 태자에게도 10천 부인이
있는데 묘견妙見이 으뜸이 되었느니라."

이제 「비로자나품」의 주인공인 대위광大威光 태자가
등장하였다. 앞에서 설명한 승음세계와 향수해와 큰 성
과 부처님의 출현 등등은 곧 대위광 태자의 등장을 위한
것이었다. 10천 부인을 거느렸던 이 대위광 태자가 바로
비로자나부처님의 전신이다.

7) 태자의 득법得法

"이때에 대위광 태자가 부처님의 광명을 보고 예전에
닦은 선근의 힘으로 즉시 열 가지 법문을 증득하였으

니 무엇이 열이 되는가? 이른바 일체 모든 부처님의 공덕륜功德輪삼매를 증득하였으며, 일체 부처님법의 보문다라니를 증득하였느니라. 일체 중생을 조복하는 큰 장엄 대자大慈를 증득하였으며, 넓은 구름소리 대비大悲를 증득하였으며, 끝없는 공덕과 가장 수승한 마음을 내는 대희大喜를 증득하였으며, 일체 법을 사실과 같이 깨닫는 대사大捨를 증득하였느니라."

이와 같이 비로자나부처님의 전신인 대위광 태자는 처음으로 부처님의 광명을 입고 위의 열 가지 중요한 법을 증득하게 되었다는 것을 밝혔다. 이것이 첫 출발이 되어 다시 또 부처님을 친견하고 법을 증득하게 되며, 계속하여 다른 법을 증득하게 되는 과정을 설해 나간다.

"넓고 큰 방편의 평등한 창고인 큰 신통神通을 증득하였으며, 믿고 이해하는 힘을 증장하는 대원大願을 증득하였으며, 일체 지혜의 광명에 두루 들어가는 변재문辯才門을 증득하였느니라."

8) 태자의 찬불讚佛

"이때에 대위광 태자가 이와 같은 법의 광명을 얻고 나서 부처님의 위신력을 받들어 대중들을 두루 살펴보고 게송으로 말하였습니다."

(1) 부처님 출현

세존께서 도량에 앉아 계시니
청정한 큰 광명 비치심이
마치 천 개의 태양이 함께 떠서
온 허공계를 널리 비추듯 하도다.

한량없는 억천 겁에
도사가 그때에 출현하시거늘
부처님이 이제 세간에 나오시니
모든 이들이 우러러 받들도다.

(2) 부처님의 공덕

　　그대들은 부처님의 광명을 보라.
　　화현하신 부처님 불가사의하여라.
　　모든 궁전 가운데서
　　고요히 선정禪定에 들어가셨도다.

　　그대들은 부처님의 신통을 보라.
　　모공毛孔에서 불꽃구름을 내어
　　세간을 환히 비추시니
　　그 광명 다함이 없도다.

　　그대들은 부처님의 몸을 보라.
　　광명그물이 지극히 청정하여
　　형상을 나타내 온갖 것과 같게 하사
　　시방에 두루 가득하도다.

　　아름다운 소리 세간에 두루하시니
　　듣는 이는 다 기뻐하며

모든 중생들의 말을 따라서
부처님의 공덕을 찬탄하도다.

세존의 광명이 비치는 곳에는
중생들이 모두 안락하며
고통도 모두 다 소멸하여
마음에 큰 기쁨을 내도다.

(3) 일체 중생의 귀의

모든 보살 대중들은 보라
시방에서 모여와
모두 마니 보석구름을 놓아서
현전現前에서 부처님을 칭송하도다.

일체 대중이 다 공경하여
마음에 큰 기쁨을 내며
다함께 세존 앞에서
법왕法王을 우러러 보네.

9) 희견선혜왕喜見善慧王의 게송

(1) 부왕父王의 환희

"모든 불자들이여, 저 대위광 태자가 이러한 게송을
말할 때에 부처님의 위신력으로 그 음성이 승음세계
에 두루 퍼졌느니라.

그때에 희견선혜왕이 이 게송을 들으시고 마음이 크
게 환희하여 모든 권속들을 살피고 게송으로 말하였
느니라."

(2) 북을 쳐서 부처님을 친견하다

그대들은 응당 신속하게
일체 모든 왕과
왕자와 대신들과
성읍의 재관들을 불러 모아라.

모든 성 안에 널리 알려서
빨리 응당 큰북을 치고

모든 사람들을 다 모아서
함께 가서 부처님을 친견토록 하라.

일체 네거리에
모두 보배 방울을 울리면서
처자들과 권속들과 함께
다 같이 가서 여래를 볼지니라.

(3) 공양구供養具 준비

일체 모든 성곽을
마땅히 다 청정하게 하고
아름다운 깃대를 널리 세워
마니 보석으로 장엄할지어다.

보배 휘장에 온갖 그물을 나열하고
기악을 구름처럼 펴서
잘 꾸며 허공에 두고
곳곳에 충만하게 할지어다.

도로를 모두 엄정하게 하고
아름다운 의복을 널리 비 내리며
그대들은 보배 수레를 몰아
나와 함께 부처님을 뵈올지니라.

『금강경』에 급고독給孤獨 장자가 석가모니 부처님을 모시기 위해서 기원정사를 마련하려 할 때 황금을 땅에 깔자, 기타 태자가 감동하여 숲을 희사하게 된 아름다운 역사가 공연히 이루어진 것이 아니다.

법에 감동하고 진리의 가르침에 감동하면 대왕도 움직이고 태자도 움직인다. 하물며 평범한 일반 백성이겠는가?

각각 자신의 힘을 따라
장엄거리를 널리 쏟되
일체를 구름이 퍼지듯 해서
허공에 두루 가득하게 하라.

향기 불꽃과 연꽃 일산日傘과

반달 같은 보배 영락과

무수한 묘한 옷을

그대들은 다 응당 쏟을지어다.

수미산과 향수해에

가장 아름다운 마니 보석 바퀴와

청정한 전단栴檀을

온갖 보배 꽃 영락으로

장엄하니 청정하여 때가 없으며

마니 보석 등燈으로써

다 허공에 머물게 하라.

　여러 가지 공양거리들을 밝혔다, 부처님께 올리는 공양거리를 자신의 능력에 따라서 올리되 이 세상에 존재하는 존귀하고 값진 것들을 다 들었다. 만약 일체 사람 부처님에게 올리는 공양이라면 공양 중에 가장 수승한 법공양을 권하였을 것이지만, 그 대상이 일체 공덕산 부처님이기 때문에 전단향이나 마니 보석 등을 말하였다.

(4) 세존을 친견하다

　일체 것을 가지고 부처님을 향하되
　마음에 큰 기쁨을 내며
　처자들과 권속들과 함께
　다 가서 세존을 친견할지어다.

　대왕은 세존을 친견하기를 권하였다. 값지고 귀한 공양거리를 바쳐서 세존을 친견하는 것은 최상의 존경을 뜻한다. 왜 최상의 존경을 표하는가. 모든 인류를 부처님으로 승격 시켰기 때문이다. 일체 존재의 실상을 밝히고 사람의 실상이 부처님이라는 사실을 밝혔기 때문이다. 모든 생명들이 본래로 다 가지고 있는 무궁무진한 보물을 밝혀 주었기 때문이다. 그래서 크게 환희하는 것이다.

10) 함께 부처님께 나아가다

　"이때에 희견선혜왕이 3만 7천의 부인과 채녀采女들과 함께 하였으니 복길상福吉祥이 으뜸이요, 5백 왕자와 함께하였으니 대위광이 으뜸이요, 6만 대신大臣과 함께 하였으니 혜력慧力이 으뜸이었습니다.

이러한 77백천억 나유타 대중에게 앞뒤로 둘러싸여서 염광명焰光明 큰 성에서 나올 적에 왕의 힘으로 일체 대중들이 허공에 올라가되 모든 공양거리가 허공에 두루 가득하여 부처님 처소에 이르러서 부처님 발에 이마로 예배하고 물러가 한쪽에 앉았습니다.”

희견선혜왕이 77백천억 나유타 대중에게 앞뒤로 둘러싸여서 염광명 큰 성에서 나아가서 부처님을 친견하고 예배를 올린 뒤 물러나 한쪽에 앉는 모습을 그렸다. 이 얼마나 장엄하고 화려하고 우렁찬 모습인가.

세계 올림픽에 참가하는 인원의 규모를 100억만 배 정도 확대해서 상상해 보면 짐작할 수 있을 것인가. 그러나 이와 같은 큰 규모가 한 사람의 모습 속에다 포함되어 있기도 하다. 하나의 작은 먼지 속에 시방세계가 다 들어 있거늘, 굳이 그와 같은 숫자의 사람을 다 모집해야만 하는 것은 아니다.

11) 십부十部의 제왕諸王

"다시 또 묘화성妙華城 선화당善化幢 천황이 있어 10억 나유타 권속으로 더불어 함께하였으며, 다시 또 구경대성究竟大城 정광淨光 용왕이 있어 25억 권속으로 더불어 함께하였으며, 다시 또 금강승당성金剛勝幢城 맹건猛健 야차왕이 있어 77억 권속으로 더불어 함께하였으며, 다시 또 무구성無垢城 희견喜見 건달바왕이 있어 97억 권속으로 더불어 함께하였으며, 다시 또 묘륜성妙輪城 정색사유淨色思惟 아수라왕이 있어 58억 권속으로 더불어 함께하였습니다.

다시 또 묘장엄성妙莊嚴城 십력행十力行 가루라왕이 있어 99천 권속으로 더불어 함께하였으며, 다시 또 유희쾌락성遊戲快樂城 금강덕金剛德 긴나라왕이 있어 18억 권속으로 더불어 함께하였으며, 다시 또 금강당성金剛幢城 보칭당寶稱幢 마후라가왕이 있어 3억 백천 나유타 권속으로 더불어 함께하였으며, 다시 또 정묘장엄성淨妙莊嚴城 최승最勝 범왕이 있어 18억 권속으로 더불어 함께하였습니다. 이러한 백만억 나유타 큰 성 가운데 있는 모든 왕과 아울러 그 권속들이 모두 함께 일체공덕수미승운一切功德須彌勝雲 여래가 계신 곳에 나아가서 부처님 발에 예배하고 물러가 한쪽에 앉았습니다."

12) 부처님의 설법

(1) 경을 설하다

"그때에 저 여래가 모든 중생들을 조복하기 위한 고로 대중이 모인 도량바다에서 일체 삼세의 부처님이 자재한 법을 널리 모은 수다라를 말씀하시니, 세계의 미진수 수다라 권속을 삼아서 중생들의 마음을 따라 모두 이익을 얻게 하였습니다."

어떤 경우라도 여래가 해야 할 일은 모든 중생들을 조복하기 위해서 법을 설하는 일이다. 사람들이 스스로 가지고 있는 불성佛性 생명을 일깨우는 일이다. 모든 사람, 모든 생명이 본래로 부처님이라는 사실을 가르치는 일이다. 그것을 '일체 삼세의 부처님이 자재한 법을 널리 모은 수다라'라고 하였다.

(2) 대위광 보살의 득법得法

"이때에 대위광大威光 보살이 이 설법을 듣고 나서 즉시에 일체공덕산수미승운 부처님이 지난 세상에 모으신 법의 바다 광명을 얻었습니다. 이른바 일체 법취法聚의 평등삼매인 지혜광명과, 일체 법이 다 최초 보리심 가운데 들어가서 머무는 지혜광명과, 시방법계의 넓은 광명 창고의 청정한 눈 지혜광명과 일체 불법의 큰 원력바다를 관찰하는 지혜광명, 끝없는 공덕바다에 들어가는 청정한 행의 지혜광명을 얻었습니다.
또한 물러서지 않는 큰 힘의 빠른 창고로 향하여 나아가는 지혜광명과 법계 가운데 한량없이 변화하는 힘으로 벗어나는 바퀴의 지혜광명, 한량없는 공덕이 원만한 바다에 분명하게 들어가는 지혜광명과 일체 부처님의 분명한 이해로 장엄하고 성취한 바다를 요달하여 아는 지혜광명, 법계의 한량없는 부처님이 일체 중생 앞에 나타내는 신통한 바다를 요달하여 아는 지혜광명을 얻었습니다.

일체 부처님의 힘과 두려운 바가 없는 법을 요달하여
아는 지혜광명을 얻었습니다.

여기서는 부처님 덕의 지혜광명을 밝혔다. 또한 부처
님 덕으로 마군을 항복받고 외도들을 제압한다. 마지막
의 지혜광명을 얻은 것은 모두 부처님의 경계이므로 요
달하여 아는 것이라고 하였다. 다른 것은 증득하여 아는
것이다.

(3) 대위광 보살의 게송
① 광명의 주체

　내가 부처님의 미묘한 법을 듣고
　지혜광명을 얻었네.
　이것으로 세존의
　지난 옛적 행하신 일을 보도다.

대위광 보살이 부처님의 미묘한 법문을 듣고 지혜광명

을 얻음으로써 세존께서 지난 옛적에 수행하신 모든 일들을 보게 되었다고 하였다. 예컨대 한 사람에 대해서 제대로 알려면 그 사람이 공부하고 수행한 일체의 경험들을 다 파악해야만 이해할 수 있다. 하물며 부처님의 경지를 아는 데는 그 수행과 그 지혜가 얼마이어야 하겠는가?

② 광명의 원인

온갖 곳에 태어나시고
명호와 몸이 차별하고
부처님께 공양하는
이와 같은 것을 내가 다 보도다.

지난 옛적 모든 부처님의 처소에서
일체를 다 받들어 섬기고
한량없는 겁 동안 수행하사
모든 세계 바다를 엄정하였네.

자신의 몸을 버려서 보시하되

광대하게 하여 끝이 없으며
가장 훌륭한 행을 닦아
모든 세계 바다를 엄정하였네.

귀와 코와 머리와 손과 발과
그리고 모든 궁전을
한량없이 희사하시어
모든 세계 바다를 엄정하셨네,

능히 낱낱 세계에
부사의한 억겁 동안
보리행을 닦으시고
모든 세계 바다를 엄정하였네,

보현보살의 큰 원력으로
일체의 부처님바다 가운데
한량없는 행을 수행하사
모든 세계 바다를 엄정하였네.

대위광 보살이 지혜광명을 얻은 원인에 대하여 밝혔다. 지혜광명을 얻었다는 것은 존재의 실상과 생명의 실상인 진리를 깨달았다는 뜻이다. 곧 불법을 터득한 것이다. 이와 같은 지혜광명을 얻으려면 보현보살의 큰 원력으로 끝없는 수행을 해야 한다. 또 낱낱 세계에서 불가사의한 겁 동안 지혜와 자비의 보리행을 닦아야 한다. 또 귀와 코와 머리와 손과 발과 모든 궁전을 한량없이 희사해야 한다. 또 모든 부처님의 처소에서 일체를 다 받들어 섬겨야 한다. 이와 같은 것 등의 수행이 지혜광명을 얻은 원인이다.

마치 햇빛이 비침으로 인해서
다시 해를 보듯이
내가 부처님의 지혜광명으로
부처님의 행하신 도를 보도다.

이 게송은 대단히 중요한 이치를 담고 있으며, 또한 『화엄경』의 명구다.

③광명의 결과

　　내가 부처님 세계 바다의
　　청정한 큰 광명을 보니
　　고요히 보리를 증득하사
　　법계에 다 두루하도다.

④발원

　　내가 마땅히 세존과 같이
　　모든 세계 바다를 널리 엄정하여
　　부처님의 위신력으로
　　보리행을 닦으리다.

　불교를 꽃에 비유하면 지혜는 밝은 꽃이며, 자비는 아름다운 꽃이며, 교화는 향기 있는 꽃이며, 원력은 신선하여 생기가 넘치는 꽃이라고 할 수 있다. 그러므로 불교를 수행하고 실천하는 일이나 인생을 살아가는 일이나 무엇보다 중요한 것은 신선하고 생기가 넘치고 활력이 넘치는 원력, 서원, 꿈, 기대감, 열정을 가지는 것이다. 대위광 보살은 끝으로 큰 원력으로 세존이 살아온 것과 같이 살 겠다고 하는 원력과 꿈과 열정을 밝혔다.

⑤ 대위광 보살의 교화

"여러 불자들이여, 그때에 대위광 보살이 일체공덕산 수미승운 부처님을 뵙고 받들어 섬기고 공양한 까닭 에 여래의 처소에서 마음에 깨달음을 얻었느니라."

대위광 보살은 부처님을 뵙고 받들어 섬기고 공양한 까닭에 깨달음을 얻었다고 하였다. 이렇게 깨닫고 나서 다음에는 일체 세상 사람들을 위해서 여래의 옛적 수행 과 보살 수행의 방편 등등을 나타내 보였다. 자신이 깨닫 고 다른 이를 깨닫게 하는 일이다. 아래는 모두 세상 사 람들을 위해서나 나타내 보이는 열 가지 법이다.

"그리고 일체 세간을 위하여 여래의 옛적 수행의 바다 를 나타내 보이며, 지난 옛적 보살 수행의 방편을 나타내 보이며, 일체 부처님의 공덕바다를 나타내 뵈며, 일체 법계에 두루 들어가는 청정한 지혜를 나타내 보이며, 일체 도량 가운데서 성불하는 자재한 힘을 나타내 보이느니라.

또 부처님의 힘과 두려움 없고 차별 없는 지혜를 나타내 보이며, 널리 나타내 보이는 여래의 몸을 나타내 보이며, 불가사의한 부처님의 신통변화를 나타내 보이며, 한량없이 청정한 불국토를 장엄함을 나타내 보이며, 보현보살이 소유한 행行과 원願을 나타내 보이느니라.

그래서 저 수미산 미진수의 중생으로 하여금 보리심을 발하게 하며, 불찰 미진수의 중생으로 하여금 여래의 청정한 국토를 성취하게 하느니라."

불교는 깨달음의 종교다. 깨달음이라면 스스로 깨닫는 자각自覺과 다른 이를 깨닫게 하는 각타覺他와 자신과 다른 이가 모두 함께 깨닫는 각행원만覺行圓滿을 말한다. 대위광 보살은 스스로 깨닫고 나서 다른 이를 깨닫게 하는 사례를 들어 보였다.

84

(4) 부처님 게송

"그때에 일체공덕산수미승운 부처님이 대위광 보살
을 위하여 게송으로 말씀하셨습니다."

① 발심을 찬탄하다

　훌륭하도다. 대위광이여.
　복덕의 창고로 명칭이 넓으니
　중생들을 이익하게 하기 위해서
　보리도菩提道에 나아가도다.

　그대가 지혜광명을 얻어서
　법계에 다 충만하니
　복과 지혜가 모두 광대해서
　깊은 지혜의 바다를 꼭 얻으리라.

　한 세계에서 수행하기를
　세계 먼지 수 같은 겁을 지나니

그대가 나를 보는 것과 같이
이와 같은 지혜를 꼭 얻으리라.

② 낮은 것과 수승한 것

　모든 하열한 수행자는
　이러한 방편을 알 수 없으니
　큰 정진의 힘을 얻어야만
　세계 바다를 능히 엄정하도다.

　낱낱 미진 속에서
　한량없는 겁 동안 수행해야만
　그런 사람이 능히
　모든 부처님의 세계를 장엄하도다.

　낱낱 중생을 위해서
　겁의 바다를 지나면서 윤회하되
　그 마음은 피로하거나 게으르지 않아야
　마땅히 세상의 도사導師를 이루리라.

낱낱 부처님께 공양해서
미래가 다할 때까지 하되
마음에는 잠깐도 피로하거나 싫어함이 없어야
마땅히 최상의 도를 이루리라.

　보살은 중생을 교화하기 위해서 자신은 윤회에서 벗어
났으나 중생을 따라서 다시 윤회를 하면서 중생을 교화
한다. 아무리 오랜 세월 윤회하더라도 피로하거나 지치
지 않는다. 교화란 어떻게 하는가. 낱낱 중생들을 부처님
으로 알고 공양하고 받드는 일이다. 불교가 아무리 많은
설명을 해도, 결론은 낱낱 중생이 그대로 부처임을 알고
스스로 그 사실을 깨닫게 하는 것이다.

③ 가피加被와 지혜

　삼세의 모든 부처님이
마땅히 함께 그대의 원願을 만족히 하리니
일체 부처님의 모임 가운데
그대의 몸이 그곳에 안주하도다.

일체 모든 여래가
서원誓願이 끝이 없으시니
큰 지혜를 통달한 이는
능히 이 방편을 알리라.

④ 한 사람의 수행과 미진수 중생

대위광이 나에게 공양할 새
그러므로 큰 위신력을 얻어서
미진수의 중생들을
성숙케 하여 보리에 향하게 하네.

보현의 행원을 모두 닦는
큰 명칭 있는 보살이
부처님의 세계 바다를 장엄해서
법계에 널리 두루하도다.

3. 제2 부처님의 출현

1) 부처님 명호

"여러 불자들이여, 그대들은 마땅히 알라. 저 대장엄
겁大莊嚴劫 가운데 항하의 모래수와 같은 소겁小劫이
있으니 사람의 수명은 2소겁이었느니라.

모든 불자들이여, 저 일체공덕산수미승운 부처님은
수명이 50억 세이니라. 그 부처님이 멸도하신 후에 또
부처님이 출현하셨으니 이름이 바라밀선안장엄왕波
羅密善眼莊嚴王이시니라. 역시 저 마니화지륜 큰 숲속
에서 정각正覺을 이루었느니라."

「비로자나품」은 대위광 태자가 비로자나부처님으로
출현하는 과정을 그리고 있다. 대위광이 태자로, 그리고
보살로 있는 동안 모시고 수행하던 일체공덕산수미등
운 부처님은 50억 세의 세월이 지나고 드디어 열반에 들
었다.

그리고 다시 또 부처님이 출현하였다. 그 부처님의 이
름은 바라밀선안장엄왕이시다. 역시 앞에서 소개되었던

숲, 즉 마니화지륜 큰 숲속에서 정각을 이루시었다. 대위광 태자는 이와 같이 부처님을 거듭거듭 친견하며 수행을 쌓아서 비로소 비로자나부처님이 된다는 이야기다.

2) 대위광 동자의 득법

"이때 대위광 동자童子가 그 여래께서 등정각等正覺을 이루어 신통력을 나타내심을 보고 염불삼매를 얻으니 이름이 무변해장문無邊海藏門이며, 곧 다라니를 얻었으니 이름이 대지력법연大智力法淵이니라.

곧 대자大慈를 얻었으니 이름이 보수중생조복도탈普隨衆生調伏度脫이며, 곧 대비大悲를 얻었으니 이름이 변부일체경계운編覆一切境界雲이며, 곧 대희大喜를 얻었으니 이름이 일체불공덕해위력장一切佛功德海威力藏이며, 곧 대사大捨를 얻었으니 이름이 법성허공평등청정法性虛空清淨이니라.

곧 바라밀을 얻었으니 이름이 자성이구법계청정신自性離垢法界清淨身이며, 곧 신통을 얻었으니 이름이 무애광보수현无涯光普隨現이며, 곧 변재를 얻었으니 이름이 선입이구연善入離垢淵이며, 곧 지혜광명을 얻었으니 이름이 일체불법청정장一切佛法清淨藏이니라. 이와 같은 십천十千 법문을 모두 통달하였느니라."

3) 대위광 동자의 게송

"그때에 대위광 동자가 부처님의 위신력을 받들어 모든 권속들을 위하여 게송을 설하였습니다."

(1) 친견하고 기뻐함

불가사의한 억겁 가운데
세상을 인도하는 밝은 스승 만나기 어려운데
이 국토 중생들 좋은 이익 많아서
지금 제2 부처님을 뵈옵게 되었도다.

인생난득人生難得이요, 불법난봉佛法難逢이라 하였다. 수많은 생명체 중에서 사람으로 태어나기 어려운데 그

확률을 맹구우목盲龜遇木과 같다고 하였다. 설사 사람으로 태어나더라도 불법을 만나기는 더욱 어렵고, 불법을 만났어도『화엄경』을 만나 깊이 있게 공부하기는 참으로 어렵고 어려운 일이다. 큰 선근이 있고 큰 이익이 있어야 불법을 만나고 다시『화엄경』을 만난다.

(2) 부처님의 덕을 찬탄하다

　　부처님의 몸이 큰 광명을 널리 놓으시니
　　색상이 그지없고 지극히 청정하여
　　구름처럼 모든 국토에 충만하여
　　곳곳에서 부처님의 공덕을 찬탄하도다.

　세존을 모신 대웅전이나 비로자나불을 모신 대적광전, 대광명전의 주련에는 위의 게송을 많이 걸어 두었다.

　　광명이 비치는 곳 다 환희하여
　　중생들의 고통을 다 소멸하네
　　각각 공경하고 자비심을 일으키게 하시니

이것이 여래의 자재하신 작용일세.

　생명법이 온 천하에 전해지고 진리의 가르침이 법계에
널리 퍼지면 그것을 듣는 사람들은 어떤 고통도 다 소멸
된다. 사소한 생활상의 문제뿐만 아니라 심지어 죽음의
문제까지도 시원하게 해결할 수 있다. 사람에게는 본래
로 구족성과 청정성과 불생명성과 부동성과 무한창조성
이 갖춰져 있기 때문이다.
　혜능대사慧能大師는 『금강경』을 듣고 이와 같은 이치를
깨달아 천하의 6조祖가 되었다.

　　불가사의한 변화는 구름을 내고
　　한량없는 색의 광명 그물을 놓으사
　　시방 국토에 다 충만하시니
　　이것은 부처님의 신통력으로 나타내었네.

　　낱낱 모공毛孔에서 광명구름을 나타내사
　　허공에 두루두루 큰 음성을 내고
　　모든 어두운 곳을 다 비추사

지옥의 온갖 고통 다 소멸하도다.

여래의 미묘한 음성 시방에 두루하사
일체 말씀을 다 갖추어 내시되
모든 중생들의 숙세의 선근력을 따르시니
이것은 대사大師의 신통변화의 작용일세.

한량없고 끝이 없는 대중바다에
부처님이 그 가운데 다 출현하사
다함없는 묘법륜妙法輪을 널리 굴리사
일체 모든 중생들을 조복하네.

부처님의 신통력 끝이 없으사
일체 세계에 다 출현하시다.
선서善逝의 이러한 지혜 걸림이 없어
중생을 이롭게 하려고 정각을 이루었네.

(3) 귀의를 권청함

　　그대들은 응당 환희심을 내어서
　　뛸 듯이 기뻐하며 존중하여라
　　나도 그대들과 함께 그곳에 나아가리니
　　만약 여래를 친견하면 모든 고통 소멸하리라.

　　발심하여 회향해서 보리에 나아가고
　　일체 모든 중생들을 자비로 생각해서
　　보현의 광대한 원願에 다 머물면
　　마땅히 법왕처럼 자재를 얻으리라.

　대위광 동자가 제2 부처님의 출현을 만나 큰 깨달음을 얻고 환희하여 기쁜 마음으로 그들의 권속들에게까지 부처님께 나아가기를 권청하는 게송이다.

(4) 무량중생 발보리심

"모든 불자들이여, 대위광 동자가 이 게송을 말할 때
에 부처님의 신비한 힘으로 그 음성이 걸림이 없어서
일체 세계가 다 한량없는 중생들이 보리심을 내었느
니라."

(5) 부처님이 경을 설함

"그때에 대위광 왕자가 그의 부모와 권속들과 한량없
는 백천억 나유타 중생들에게 앞뒤로 둘러싸이고, 보
배 덮개가 구름같이 허공에 두루 덮이어, 바라밀선안
장엄왕 여래가 계신 곳에 함께 나아갔느니라.
그 부처님이 법계체성청정장엄수다라法界體性清淨修多
羅를 말씀하셨는데 세계 바다 미진수 수다라로 권속
을 삼았느니라."

대위광 왕자가 게송을 설하고 나서 그의 부모와 처자
권속들과 한량없는 백천억 나유타 중생들에게 앞뒤로 둘

러싸여 제2의 부처님이 계신 처소에 이르렀다. 그 부처님께서 경을 설하셨는데 바로 '법계체성청정장엄수다라'라는 경이다.

4) 경을 듣고 이익을 얻다

"저 모든 대중들이 이 경을 듣고 청정한 지혜를 얻었으니, 이름이 '일체 법이 경계에 들어가는 방편'이니라.

지위를 얻었으니, 이름이 '때를 떠난 광명(離垢光明)'이니라. 바라밀 바퀴를 얻었으니, 이름이 '일체 세간의 즐거움을 나타내 보이는 장엄'이니라. 늘리고 넓히는 수행 바퀴를 얻었으니, 이름이 '일체 세계에 널리 들어가는 끝없는 광명의 청정한 견해'이니라. 향하여 나아가는 수행바퀴를 얻었으니, 이름이 '때를 떠난 복덕 구름의 광명깃발'이니라. 따라 증득해 들어가는 바퀴를 얻었으니, 이름이 '일체 법의 바다가 광대한 광명'이니라. 점점 깊이 나아가는 행을 얻었으니, 이름이 '큰 지혜로 장엄함'이니라. 관정灌頂하는 지혜바다를 얻었으니, 이름이 '공용이 없는 수행의 지극히 미묘한 견해'이니라. 밝게 아는 큰 광명을 얻었으니, 이름이 '여래 공덕바다 모양의 광명이 두루 비침'이니라, 원력을 내는 청정한 지혜를 얻었으니, 이름이 '한량없는 원력과 신해의 창고'이니라."

5) 부처님이 게송을 설하다

"그때에 부처님이 대위광 보살을 위하여 게송으로 말씀하셨습니다."

(1) 수승한 덕을 찬탄하다

훌륭하도다. 공덕과 지혜의 바다여!
발심해서 큰 깨달음에 나아가니
그대는 마땅히 부처님의 불가사의를 얻어서
널리 중생을 위해서 의지처가 되라.

그대는 이미 큰 지혜바다를 출생하여

능히 일체 법을 두루 다 아니

마땅히 생각하기 어려운 미묘한 방편으로

부처님이 다함없이 행한 경계에 들어가리라.

이미 모든 부처님의 공덕 구름을 보고

이미 다함없는 지혜의 땅에 들어갔으니

모든 바라밀과 방편바다를

큰 명칭 있는 이가 마땅히 만족하리.

이미 방편문과 총지문과

다함없는 변재문을 얻어서

갖가지 행과 원을 다 닦으니

마땅히 짝이 없는 큰 지혜를 이루리라.

그대는 이미 서원바다를 내고

그대는 이미 삼매바다에 들어갔으니

마땅히 가지가지 큰 신통과

불가사의한 모든 불법을 다 갖추리라.

구경법계究竟法界의 부사의에
넓고 크고 깊은 마음 이미 청정했으니
시방 모든 부처님의
때 없는 장엄의 온갖 세계 바다를 널리 보도다.

(2) 부처님과 같은 수행

그대는 이미 나의 보리행과
옛적 본사本事의 방편바다에 들어가서
나의 수행함과 같이 청정히 닦았으니
이러한 묘한 행을 그대는 다 깨달았도다.

내가 한량없는 낱낱 세계에
가지가지로 모든 부처님께 공양했으니
그와 같은 수행으로 얻은 과보의
이러한 장엄을 그대가 다 보았도다.

광대하여 다함없는 겁劫 바다의
일체 세계에서 청정한 행을 닦아

견고한 서원이 불가사의하니
여래의 이러한 위신력을 마땅히 얻으리라.

모든 부처님께 남김없이 공양하고
국토의 장엄을 다 청정하게 해서
일체 겁 동안 미묘한 행을 닦으니
그대는 마땅히 부처님의 큰 공덕을 이루리라.

대위광 보살의 수행이 부처님의 수행과 같다는 인가를
받았다. 보리행과 본사本事의 방편바다와 부처님께 공양
함과 견고한 서원과 부처님의 큰 공덕까지 받을 수 있는
인가는 모두 다 받은 것이다. 이 얼마나 큰 영광인가. 영
광과 함께 그 의무 또한 크리라.

4. 제3 부처님의 출현

1) 전륜왕이 되다

"모든 불자들이여, 바라밀선안장엄왕 여래께서 열반
에 드시고, 희견선혜이어서 또 한 세상을 버리시니,

대위왕 동자가 전륜왕의 지위를 이어 받았느니라."

비로자나부처님의 전신인 대위광 보살이 드디어 전륜
왕轉輪王이 되시는 과정을 밝혔다. 그동안 받들어 모시던
부처님이 열반에 드시고 이어서 부왕도 세상을 버리게
되어, 세습되어 오던 군왕제도에 의해서 태자인 대위광
보살이 뒤를 이어 전륜왕이 되었다.

2) 제3 여래의 출현

"저 마니화지륜 큰 숲 가운데 제3 여래가 세상에 출현
하시니 이름이 최승공덕해最勝功德海이시니라. 그때
에 대위광 전륜왕이 저 여래가 성불하시는 모습을 보
고 그의 권속들과 사병四兵과 도성과 마을의 모든 인
민人民과 더불어 칠보七寶를 가지고 함께 부처님 계신
곳에 가서 온갖 향香 마니로 장엄한 큰 누각을 부처님
께 받들어 올렸느니라."

3) 부처님이 경을 설하시다

"그때에 저 여래께서 마니화지룜 큰 숲속에서 보살보
안광명행수다라를 말씀하시니 세계 미진수 수다라로
그 권속을 삼았느니라."

누구나 불교를 공부하여 얼마간의 깨달음이 있다면 반
드시 자신이 아는 것을 다른 사람에게 가르쳐 주고 깨우
쳐 주어야 하리라.

만약 10년, 20년을 부처님을 믿고도 다른 사람을 깨우
쳐 주지 못한다면 그것은 배은망덕한 일이며 큰 빚을 지
는 일이다. 가령 "가령 경전을 머리에 이고 수억 겁을 지
내고, 몸으로 좌석을 만들어 삼천 겁이나 부처님을 모신
다 해도, 만약 전법을 해서 중생을 제도하지 못한다면, 끝
내 부처님의 은혜를 갚을 수 없느니라.(假使頂戴經盡劫 身
爲狀座徧三千 若不傳法度衆生 畢竟無能報恩者)"라고 하지 않
았던가.

4) 대위광 보살의 삼매

"그때에 대위광 보살이 이 법을 듣고 나서 삼매를 얻었으니, 이름이 대복덕보광명大福德普光明이니라. 이 삼매를 얻은 까닭에 일체 보살과 일체 중생의 과거, 현재, 미래의 복덕과 복덕이 아닌 바다를 모두 능히 밝게 알았느니라."

5) 부처님이 게송을 설하다

"그때에 저 부처님이 대위광 보살을 위하여 게송으로 설하였느니라."

(1) 보리심을 갖추다

훌륭하도다. 복덕 갖춘 대위광 보살이여
그대들이 지금 나의 처소에 와서
일체 중생바다를 불쌍히 생각해서
수승한 보리와 큰 원력의 마음을 내었도다.

그대는 일체 고통받는 중생을 위해서
대자비심을 일으켜서 해탈하게 하니
마땅히 온갖 미혹한 이들의 의지가 되리라
이것이 이름이 보살의 방편행方便行이라네.

만약 보살이 능히 견고함이 있어서
모든 수승한 행을 닦아 게으르지 않으면
가장 훌륭하고 가장 높은 걸림 없는 이해의
이러한 묘한 지혜를 그는 꼭 얻으리라.

복덕의 광명과 복덕의 깃대와
복덕의 처소와 복덕의 바다인
보현보살의 서원에
그대 대위광도 능히 들어갔도다.

　　불교에서 세상 사람들을 위해서 교화 활동을 하고 구
제 사업을 하고 봉사 활동을 하는 등의 일을 보살행이라
한다. 설사 성불을 해서 부처가 되었더라도 다시 보살로
서 보살행을 하는 것이 불교가 해야 하는 일이다.

보살에는 여러 보살들이 있는데 대표적인 보살이 문수, 보현, 관음, 지장보살이다. 이 네 보살을 불교의 사대보살四大菩薩이라 한다. 그 가운데서 다시 한 보살을 고른다면 당연히 보현보살이다. 『화엄경』에서는 보현보살의 행원을 결론으로 삼는다.

보현보살 10대 행원은 참으로 위대하다. 그래서 보현보살의 서원을 복덕의 바다라고 표현하였다. 대위광 보살이 드디어 그와 같은 서원에 들어갔다고 하였다.

(2) 부처님 경계에 들어가다

그대가 능히 이 광대한 서원으로
불가사의한 모든 부처님바다에 들어가니
모든 부처님의 복의 바다가 끝이 없거늘
그대가 묘한 이해로 다 능히 보도다.

그대가 시방국토 가운데서
한량없고 끝없는 부처님을 다 보니
저 부처님의 지난 옛적 모든 행의 바다를

이러한 모든 것을 그대가 다 보도다.

만약 이러한 방편바다에 머물면
반드시 지혜의 땅에 들어가리니
이것은 모든 부처님을 따라 배움이니
결정코 일체 지혜를 이루리라.

그대는 일체 세계 바다 가운데서
미진겁 동안 모든 행을 닦았으며
일체 여래의 모든 행의 바다를
그대가 다 배웠으니 마땅히 성불하리라.

(3) 불과佛果의 모습

그대가 본 시방세계 가운데
그대의 세계 바다가 다 엄정하듯이
너의 세계도 이처럼 엄정하니
끝없는 원력자顧力者의 얻을 바로다.

대위광 보살은 그동안 부처님의 세계가 아름답게 장엄한 것을 보았다. 따라서 대위광 보살 자신의 세계도 이와 같이 아름답게 장엄하리라고 인가하신다. 그 모든 결과는 원력으로 모든 중생을 교화하고 조복하리라는 뜻에서 출발하였다. 바로 발심과 원력의 결과다.

(4) 이타利他를 찬탄하다

   지금 이 도량의 대중바다가
   그대의 원을 듣고 나서 즐거워하며
   보현보살의 광대한 법에 다 들어가서
   발심하고 회향하여 보리에 나아가네.

   끝없는 낱낱 국토 가운데
   다 들어가 겁의 바다를 지나면서 수행하여
   모든 원력으로써 능히
   보현보살의 일체 행원을 원만히 하였도다.

   불교의 근본 목적은 이타利他에 있다. 그것을 보살행이

라 한다. 남을 이롭게 하는 보살행을 하자고 해서 불교가 있다. 그러므로 일백 번을 성불하더라도 이타행을 하지 아니하면 그것은 불교가 아니고 외도행이다. 이타행을 하는 대표 보살이 『화엄경』에서는 보현보살이다. 부처님이 대위광 보살을 찬탄하는 내용도 궁극에는 보현보살의 발심과 회향과 보리에 나아가게 하는 원력에 두었다.

5. 제4 부처님의 출현
1) 부처님 명호

"모든 불자들이여, 저 마니화지륜 큰 숲 가운데서 다시 부처님이 출현하시니 이름이 명칭보문연화안당名稱普聞蓮華眼幢이시니라."

경전의 기록으로는 비로자나부처님의 전신인 대위광 보살의 스승 부처님으로서는 마지막 부처님이 출현하신 것이다. 맨 처음 부처님이 출현하실 때는 세계의 이름과 향수해와 산과 연꽃 출현과 대중 운집, 게송 찬탄 등등을 자세히 이야기하였으나, 부처님의 출현이 반복되면서 차

츰 설명이 생략되었다.

그리고 제10 부처님까지 차례로 출현하여 대위광 보살이 일일이 스승으로 섬기며 법을 듣고 수행하며 부처님으로부터 인가와 찬탄을 받는 과정이 『화엄경』의 설법 의식에 맞을 것이다. 아마도 경전의 산일散逸이 있어서 이와 같이 생략되지 않았나 생각한다. 경문의 부족을 확연히 느끼게 한다.

2) 비로자나불이 되시다

"그때에 대위왕 보살이 여기에서 목숨을 마치고 수미산 위의 적정보궁천성寂靜寶宮天城 가운데 태어나 큰 하늘의 왕이 되었으니 이름이 이구복덕당離垢福德幢이었으니."

명칭보문연화안당 여래가 세상에 출현하시고, 대위광 보살이 목숨을 마친 뒤에 다시 태어나 큰 천왕이 되었다. 이와 같은 보살은 생을 반복해 가면서 거듭거듭 다시 태어나 끊임없이 수행을 계속하여 비로소 비로자나부처님이 되신 것이다. 또한 생명의 영원성과 불생불멸성을 잘 보여주는 예라고 할 수 있다. 그러므로 비로자나부처님만이 아니라 모든 생명이 한결같은 진여불성眞如佛性을 가지고 있어서 부처님과 동일하게 불생불멸한다는 것을 말하고 있다.

3) 부처님께 공양하다

"여러 하늘대중으로 더불어 부처님 계신 곳에 나아가 보배 꽃구름을 내려서 공양하였느니라."

4) 부처님이 경을 설하시다

"그때에 저 여래께서 대중들을 위하여 광대방편보문변조수다라廣大方便普門遍照脩多羅를 말씀하시니 세계 바다 미진수의 수다라로 권속을 삼았느니라."

5) 삼매를 얻다

"그때에 천왕의 대중이 이 경을 듣고 삼매를 얻었으니 이름이 보문환희장普門歡喜藏이니라. 삼매의 힘으로 능히 일체 법의 실상實相 바다에 들어갔느니라. 이러한 이익을 얻고 나서 도량에서 나와 본래의 처소로 돌아갔느니라."

천왕의 대중들이 이익을 얻고 나서 본래의 처소로 돌아갔다는 것은 천왕을 따라 수미산 위의 적정보궁寂靜寶宮 천성天城에서 나와 부처님이 계신 곳으로 왔기 때문에 다시 천성으로 돌아간 것을 말한다.

그러나 그곳이 어찌 돌아가야 할 본래의 처소이겠는가. 일체 법의 실상 자리를 한 번도 떠난 적이 없었으므로 돌아갈 일도 없다. 아무리 왕복을 거듭하더라도 동과 정은 언제나 하나이기 때문이다.

맺는말

사람의 진실한 모양은 본래로 부처님이라는 사실이며,
삶과 죽음이 또한 둘이 아닌 하나라는 사실이며, 텅 비어
공한 입장으로는 작은 먼지 하나 없지만 부유한 입장으
로는 만행과 만덕을 본래로 소유하고 있다는 사실이다.
  그 외에 일체 존재가 불생불멸不生不滅이며, 진공묘유
眞空妙有이며, 천변만화千變萬化이며, 일체가 둘이 아닌
완전한 하나라는 것 또한 진실한 모양이다.
  즉 일체 법성法性을 원용해서 두 가지 모양이 아니다.

  이상으로 『화엄경』 39품 가운데 화장세계품을 배경으
로 비로자나품을 마무리합니다.
  천지우주 삼라만상 진대지가 나의 전신체임을 확신하
십시오.

종일宗一 법광法光 합장合掌

종일宗一

어릴 때 조부로부터 한학 수학

1967년 창녕 영축산 청련사靑蓮寺 입산

1973년 통도사 금강계단 월하月下 전계사 사미계 수지

1979년 통도사 전문강원 대교과大敎科(22) 졸업

1980년 노천老天 월하 대종사로부터 건당

1981년 동국대학교 경영전문대학원 수료

1999년 유네스코 세계무형문화유산이자 대한민국 무형문화재
    50호 범음

비로자나불의 화엄세계

초판 1쇄 발행 2019년 6월 28일 | **초판 2쇄 발행** 2019년 12월 9일
종일 저 | 무비 감수 | 펴낸이 김시열
펴낸곳 도서출판 운주사
    (02832) 서울시 성북구 동소문로 67-1 성심빌딩 3층
    전화 (02) 926-8361 | 팩스 0505-115-8361
ISBN 978-89-5746-553-0 03220   값 12,000원
http://cafe.daum.net/unjubooks 〈다음카페: 도서출판 운주사〉